# Al acuario

Julie Murray

Abdo Kids Junior es una
subdivisión de Abdo Kids
abdobooks.com

Abdo
EXCURSIONES CON
LA ESCUELA
Kids

**abdobooks.com**

Published by Abdo Kids, a division of ABDO, P.O. Box 398166, Minneapolis, Minnesota 55439.

Printed in the United States of America, North Mankato, Minnesota.

052021

092021

THIS BOOK CONTAINS RECYCLED MATERIALS

Spanish Translator: Maria Puchol

Photo Credits: iStock, Shutterstock

Production Contributors: Teddy Borth, Jennie Forsberg, Grace Hansen

Design Contributors: Christina Doffing, Candice Keimig, Dorothy Toth

Library of Congress Control Number: 2020930687

Publisher's Cataloging-in-Publication Data

Names: Murray, Julie, author.

Title: Al acuario/ by Julie Murray

Other title: Aquarium. Spanish

Description: Minneapolis, Minnesota: Abdo Kids, 2022. | Series: Excursiones con la escuela | Includes online resources and index.

Identifiers: ISBN 9781098204105 (lib.bdg.) | ISBN 9781098205089 (ebook)

Subjects: LCSH: Public aquariums--Juvenile literature. | Aquatic animals--Juvenile literature. | Aquariums--Juvenile literature. | School field trips--Juvenile literature. | Spanish language materials--Juvenile literature.

Classification: DDC 371.384--dc23

# Contenido

# El acuario

¡Es día de excursión! La clase se va a visitar el acuario.

Hay muchos peces. Algunos son grandes. Algunos son pequeños.

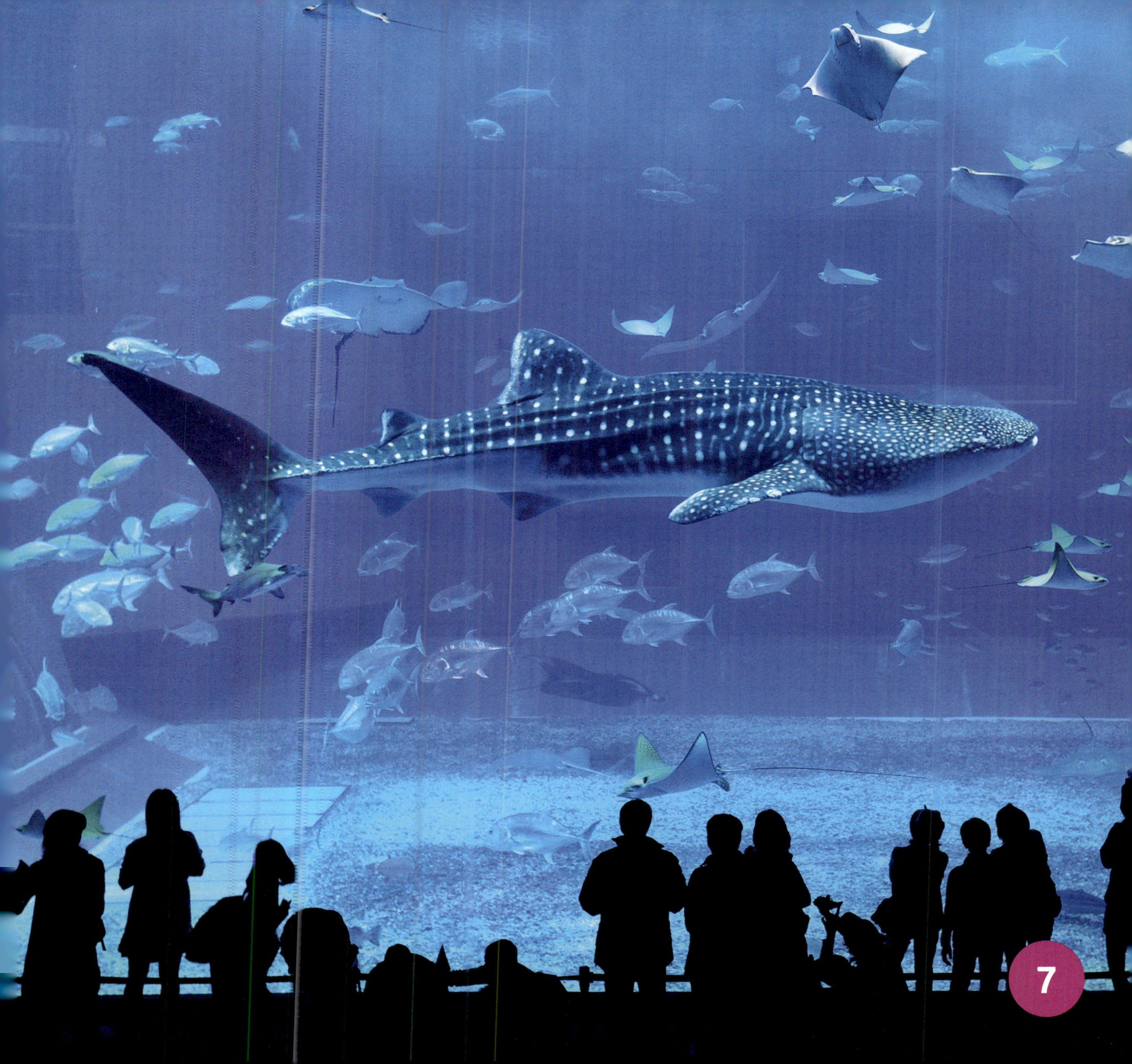

Ted ve una tortuga marina.

Tiene **aletas**.

Jose toca la raya. Es suave.

Liz observa el **arrecife de coral**.

Tiene muchos colores.

Héctor mira los pingüinos.

Están nadando.

Los tiburones son grandes.

Nadan lentamente.

El trabajador alimenta los peces. Mary lo observa.

¿Has visitado alguna vez un acuario?

# ¿Qué hay en un acuario?

peces

pingüinos

tiburones

tortugas

# Glosario

**aleta**
extremidad ancha y plana que las tortugas usan para nadar.

**arrecife de coral**
colonia de corales pétreos y otros compuestos que se forma en aguas marinas cálidas y poco profundas.

# Índice